U0801179

上海市工程建设规范

城市地面公共交通基础设施维护标准

Standard for urban bus infrastructure maintenance

DG/TJ 08—2104—2022
J 12085—2022

主编单位：上海城市交通设计院有限公司
批准部门：上海市住房和城乡建设管理委员会
施行日期：2022 年 6 月 1 日

同济大学出版社

2023　上海

图书在版编目(CIP)数据

城市地面公共交通基础设施维护标准/上海城市交通设计院有限公司主编. —上海：同济大学出版社，2023.5

ISBN 978-7-5765-0817-8

Ⅰ. ①城… Ⅱ. ①上… Ⅲ. ①城市道路—交通设施—维修—技术标准—上海 Ⅳ. ①U412.37-65

中国国家版本馆 CIP 数据核字(2023)第 062453 号

城市地面公共交通基础设施维护标准

上海城市交通设计院有限公司 **主编**

责任编辑 朱 勇
责任校对 徐春莲
封面设计 陈益平

出版发行 同济大学出版社 www.tongjipress.com.cn
(地址：上海市四平路 1239 号 邮编：200092 电话：021－65985622)
经　　销 全国各地新华书店
印　　刷 浦江求真印务有限公司
开　　本 889mm×1194mm 1/32
印　　张 2.125
字　　数 57 000
版　　次 2023 年 5 月第 1 版
印　　次 2023 年 5 月第 1 次印刷
书　　号 ISBN 978-7-5765-0817-8
定　　价 25.00 元

本书若有印装质量问题，请向本社发行部调换　　版权所有　侵权必究

上海市住房和城乡建设管理委员会文件

沪建标定〔2022〕67 号

上海市住房和城乡建设管理委员会
关于批准《城市地面公共交通基础设施维护标准》
为上海市工程建设规范的通知

各有关单位：

由上海城市交通设计院有限公司主编的《城市地面公共交通基础设施维护标准》，经我委审核，现批准为上海市工程建设规范，统一编号为 DG/TJ 08—2104—2022，自 2022 年 6 月 1 日起实施。原《城市地面公共交通基础设施维护规程》DG/TJ 08—2104—2012 同时废止。

本标准由上海市住房和城乡建设管理委员会负责管理，上海城市交通设计院有限公司负责解释。

上海市住房和城乡建设管理委员会

2022 年 1 月 26 日

前 言

根据上海市住房和城乡建设管理委员会《关于印发〈2020 年上海市工程建设规范、建筑标准设计编制计划〉的通知》(沪建标定〔2019〕752 号)要求,由上海城市交通设计院有限公司会同有关单位对《城市地面公共交通基础设施维护规程》DG/TJ 08—2104—2012 进行修订。

本标准的主要内容有:总则;术语;基本规定;房屋建筑设施;场站室外总体设施;无轨电车供电设施;车辆充电设施;场站智能化设施;附录 A～C。

本次修订的主要内容有:

1. 场站室外总体设施:完善原有场地道路设施章节,补充场站室外总体设施检查主要部位及检查、维修周期。

2. 车辆充电设施:新增车辆充电设施章节,具体包括车辆充电设施检查周期及检查部位,车辆充电设施保养、更新周期。

各单位及相关人员在执行本标准过程中,如有意见和建议,请反馈至上海市交通委员会(地址:上海市世博村路 300 号 1 号楼;邮编:200125;E-mail:shjtbiaozhun@126.com),上海城市交通设计院有限公司(地址:上海市建国东路 525 号 13 楼;邮编:200025;E-mail:73river@163.com),上海市建筑建材业市场管理总站(地址:上海市小木桥路 683 号;邮编:200032;E-mail:shgcbz@163.com),以供今后修订时参考。

主 编 单 位:上海城市交通设计院有限公司

参 编 单 位:上海交通投资(集团)有限公司

主要起草人：王　辉　冯　河　计　欣　陆伯春　徐国彦
潘　虹　裴文成　许倩华　吴　丹　陈忆宁
李晨吉　张　亚

主要审查人：林丽智　李　宏　褚孟君　王秀宝　吴　聪
方蔡霞　张　弛

上海市建筑建材业市场管理总站

目　次

Contents

1 总 则

1.0.1 为加强本市城市地面公共交通基础设施的维护管理，规范地面公共交通基础设施的维护工作，结合本市公共交通基础设施维护的现实情况，制定本标准。

1.0.2 本标准适用于本市已建成投入使用的公交基础设施的维护，不适用于有轨电车。新技术公交车基础设施的维护在技术条件相同时也可适用。

1.0.3 城市地面公共交通基础设施的维护应在保证安全、环保、低碳、卫生的前提下，注重保持和完善设备设施的使用功能，做到经济、适用、高效。

1.0.4 城市地面公共交通基础设施的维护除应遵守本标准的规定外，尚应符合国家、行业和本市现行有关标准的规定。

2 术 语

2.0.1 城市地面公共交通基础设施 urban bus infrastructure

是指城市地面公共交通系统中停车场、快速充电站、枢纽站、首末站、电车整流站、公交中途站等的房屋建筑及配套设备设施，包括充电设施开关站、用户站及其他附属构筑物、场地道路和专用设备设施，是保障城市地面公交正常运行的基础性工程设施。简称"公交基础设施"。

2.0.2 维护 maintenance

为保持和提高公交基础设施的完好程度及使用功能所进行的检查、维修行为。

2.0.3 检查 inspection

为验证公交基础设施使用功能和安全性是否符合相应标准而进行的查验、检测工作。

2.0.4 维修 repair

对公交基础设施进行的养护、保养、修理和修缮行为，包括对其设备设施的更新和升级。

2.0.5 维修周期 repair period

公交基础设施上一次维修到本次维修的时间间隔。

2.0.6 完损状况检查 damage situation inspection

对房屋建筑设施的使用损坏状况进行检查和判定，并提出维修建议。

2.0.7 结构完好性检查 structure damage situation inspection

对房屋建筑设施结构构件的损伤及改动状况进行检查，并评定房屋结构的完好性及提出维修建议。

2.0.8 可靠性 reliability

公交基础设施在规定的时间及规定的条件下，完成预定功能的能力。

2.0.9 适修性 repair-suitability

适于采取修复措施所应具备的技术可行性与经济合理性的总称。

2.0.10 总成 assembly

由一系列部件组成的实现某一特定功能的整体。

2.0.11 正常使用年限 durability under normal conditions

在正常的使用条件下，公交基础设施的设计使用年限或产品寿命。

3 基本规定

3.1 维护工作内容

3.1.1 公交基础设施维护工作的基本内容应包括检查和维修。

3.1.2 公交基础设施的检查可分为日常检查、详细检查和专门检查。

1 日常检查:应对公交基础设施易损部位和设备的运行状态,结合日常生产运营管理进行现场考察。日常检查可分为巡视检查和有计划地按区域或系统进行的例行检查。

2 详细检查:应在日常检查的基础上,按一定的检查周期通过仪器检测或必要的载荷试验,对公交基础设施有关信息进行的收集、分析、验算和判定的检查。

3 专门检查:有紧急或特殊情况时,对公交基础设施组织进行的即时性检查,专门检查可不设固定周期。

3.1.3 检查中发现有明显异常情况,不满足安全、正常使用要求或不符合国家及地方现行管理规定时,应及时通知管理单位,请检测机构对问题部位进行检测并立即上报组织应急维修。对于无需检测的问题,应采取拍照、视频等方式结合书面说明一并上报。应急维修可不按照本标准规定的维修周期进行。

3.1.4 公交基础设施的维修应根据检查的结果确定或按本标准规定的周期进行。日常性的小修保养可结合检查工作同步进行。

3.2 维护工作要求

3.2.1 公交基础设施的维护不宜改变设施原有功能,不应降低原设计标准。

3.2.2 各类公交基础设施的维护应根据维护要求和现场环境条件，选择适用的方法，并宜统筹安排，同步实施。

3.2.3 对于已建成并投入使用的公交基础设施，除应长期保存竣工资料等工程档案文件外，还应及时收集历次维护的有关资料，对检查结果和维修过程作出详细、准确的记录。这些记录应连同设计、施工及验收文件一并归档。

3.2.4 公交基础设施维护前，应以原设计、施工、历次大修以及日常维护等的技术文件和记录为依据，对照工程实际核对其符合性。

3.2.5 公交基础设施的维护应由专业人员进行，并根据需要委托具有相应资质的专业检测、设计及施工单位承担。

3.2.6 公交基础设施的维护不应改变建筑物结构的原状。

3.2.7 公交基础设施建筑物的维护可对外墙面保温隔热层不作改动；如需改动，不应降低原节能设计标准。

4 房屋建筑设施

4.1 一般规定

4.1.1 房屋建筑设施可分为停车库、维修车间、辅助建筑以及其他特殊建筑，主要包括承重系统、围护系统、装饰系统和设备系统。

4.1.2 油气加注设备、汽车检测线设备、洗车设备及建筑内部附属设施，如电梯、自动扶梯以及职工食堂中的厨房专用设备等应委托专业检测及维修单位每年进行一次全面维护。设施的维护应由专业机构按国家现行相关标准或规定执行。

4.1.3 房屋建筑设施的维护实施及验收应符合现行行业标准《民用建筑修缮工程查勘与设计标准》JGJ/T 117、《房屋渗漏修缮技术规程》JGJ/T 53 以及现行上海市工程建设规范《房屋修缮工程技术规程》DG/TJ 08—207、《既有建筑外立面整治设计规范》DG/TJ 08—2146 的相关规定。

4.2 检　查

4.2.1 房屋建筑的日常检查应结合公交基础设施的日常运营管理，组织专人负责。

4.2.2 房屋建筑的详细检查包括房屋建筑完损状况检查和房屋建筑结构完好性检查，应按照本章规定的检查要求进行。

4.2.3 房屋建筑完损状况检查主要部位应按表 4.2.3 执行。

表 4.2.3 房屋建筑完损状况检查主要部位

系统	项目	分项名称	检查主要部位
承重系统	承重构件	混凝土构件	构件表面、构件本体等
		砌体构件	构件表面、构件本体、灰缝等
		木构件	构件表面、构件本体、连接节点等
		钢构件	构件表面、构件本体、连接件和紧固件等
围护系统	屋面	平屋面	屋面防水层、保温隔热层；排水设施；变形缝、分仓缝；屋面女儿墙、风井烟道；种植屋面等
		斜屋面	屋架、梁、檩条、椽子、屋面板（瓦）等屋面结构构件；屋面防水层、保温隔热层；排水设施；屋面附属设施；天窗、封火墙、女儿墙、风井烟道等
	外立面	外墙面	墙饰面、檐口平顶、台口线、装饰、门框线条、勒脚、台度等
		建筑幕墙	幕墙材料（玻璃、金属、石材等）、五金件、结构胶等
		外立面门窗	门窗五金件、玻璃、门窗套、窗台等
		外露及悬挂物	标志、标牌、雨水管、空调机架及冷凝水管等
装饰系统	室内装饰	墙面	墙面面层、墙裙、踢脚板、裱糊软包等
		楼、地面	地面面层、地沟、集水坑、地漏等
		平顶	平顶面层、吊顶、室内悬挂物等
		栏杆、扶手	构件表面、构件本体、零件、连接件等
		室内门、窗	门窗扇、门窗框、窗帘盒、窗台板、零件、五金件等
设备系统	给排水、采暖及消防设施	给排水管道	给排水管道表面、本体、保温措施，雨水斗表面、本体等
		给排水配件	阀门、水嘴、地漏、清扫口、水表等
		卫生设备	坐便器、蹲便器、面盆、洗涤盆、小便斗（小便槽）、淋浴器等
		给排水设备	蓄水池、水箱、增压设备、水箱内胆铺贴材料、电开水器、电（燃气）热水器等
		采暖管道及配件	管道表面、本体、防腐绝热、散热器、金属辐射板、低温热水地板辐射采暖系统等

续表 4.2.3

系统	项目	分项名称	检查主要部位
设备系统	给排水、采暖及消防设施	供热设备	锅炉、换热器等
		太阳能热水设施	集热板、水箱、水泵、管道、空气源热泵等
		消防设施	室内消火栓、阀门、灭火器、黄沙及黄沙箱、灭火毯、喷淋系统喷头、喷淋管道及其外保温、消防泵房内所有设备及管道、消防水池、高位消防水箱等
	通风与空调	风管	风管表面、本体、防腐、绝热等
		水管	水管表面、本体、防腐、绝热等
		配件	消声器、过滤器、阀门、风口、百叶等
		通风与空调设备	风机、制冷机组、冷却塔、水泵等
	电气设备	配电设施	电源管线等
		用电设备	用电器、开关、插座等
		保护装置	接地体及接地电阻值等
		防雷设施	防雷设备及其连接部位、接闪器、引下线、接地装置等
		太阳能光伏发电设施	集电板、蓄电池、控制器、逆变器等
其他	车库	机动车坡道	坡道防滑设施
	地下室	围护结构	墙面及地面防水

4.2.4 房屋建筑完损状况检查的周期宜按表 4.2.4 执行。

表 4.2.4 房屋建筑完损状况检查周期

系统	项目	分项名称	检查周期	备注
承重系统	承重构件	混凝土构件	1 年	—
		砌体构件	1 年	—
		木构件	6 个月	3—5 月份，检查周期为 1 个月
		钢构件	2 年	—

续表 4.2.4

系统	项目	分项名称	检查周期	备注
围护系统	屋面	平屋面	6个月	—
		斜屋面	6个月	—
	外立面	外墙面	6个月	7—10月份,检查周期为2个月
		建筑幕墙	6个月	7—10月份,检查周期为2个月
		外立面门窗	6个月	7—10月份,检查周期为1个月
		外露及悬挂物	6个月	7—10月份,检查周期为1个月
装饰系统	室内装饰	平顶、墙面	1年	—
		地面	1年	—
		栏杆、扶手	1年	—
		室内门、窗	1年	—
设备系统	给排水及采暖设施	给排水管道	4年	—
		给排水配件	1年	—
		卫生设备	2年	—
		给排水设备	1年	—
		采暖管道及配件	1年	—
		供热设备	1年	—
		太阳能热水设施	1年	—
	通风与空调	风管	2年	—
		水管	2年	—
		配件	1年	—
		通风与空调设备	1年	—
	电气设备	配电设施	6个月	7—10月份,检查周期为2个月
		用电设备	8个月	—
		保护装置	6个月	—
		防雷设施	6个月	7—10月份,检查周期为2个月
其他	车库	机动车坡道	12个月	—
	地下室	围护结构	12个月	—

注:消防设施的维护管理应按照国家标准《消防给水及消火栓系统技术规范》GB 50974—2014 中附录G的要求进行。

4.2.5 房屋建筑结构完好性检查主要部位应按表 4.2.5 执行。

表 4.2.5 房屋建筑结构完好性检查主要部位

项目	分项名称	检查主要部位
地基基础	室内地坪	地坪表面的塌陷、变形、开裂
	室外地坪	地坪、明沟、散水、台阶等与外墙结合处的开裂、塌陷、脱开等
	基础	基础本体的开裂、沉陷、变形等
	上部结构	房屋的沉降、倾斜、开裂等
	沉降缝	侧倾或互倾、挤压
上部承重结构	混凝土结构	构件的变形、开裂、铁胀、节点等外观质量
	砌体结构	砌体的构造、弓凸、开裂、风化等外观质量、灰缝质量等
	木结构	木构架、屋架、楼板构造，木构件腐朽、开裂、变形、破损、虫蛀，连接件的锈蚀、破损等
	钢结构	钢构件的锈蚀、变形、破损，焊缝质量，连接件的破损、锚固质量等

4.2.6 房屋建筑结构完好性检查周期应根据房屋建筑的结构类型和已使用年限按表 4.2.6 执行。

表 4.2.6 房屋建筑结构完好性检查周期

房屋结构类型	已使用年限(年)	结构完好性检查周期(年)
钢筋混泥土结构	≤50	25
	50～100	10
	＞100	5
砖混结构	≤50	20
	50～80	10
	＞80	5
砖木结构	≤50	20
	50～70	10
	＞70	5

续表 4.2.6

房屋结构类型	已使用年限(年)	结构完好性检查周期(年)
钢结构、木结构	≤50	20
	>50	5
其他简易结构、混合结构	≤50	10
	>50	5

注:1 房屋建筑结构完好性检查应委托专业的房屋检测、鉴定单位进行。
2 房屋建筑超过其设计正常使用年限需继续使用的,应根据国家相关规定执行。
3 若房屋建筑的使用环境发生变化,应及时监控。

4.2.7 房屋建筑设施的专门检查应根据检查目的和要求按照详细检查的内容和部位进行。专门检查应在下列情况下进行:

1 房屋建筑的地基出现异常沉降、结构构件或设备等发生不明原因的破坏或故障,影响到房屋建筑安全使用的紧急检查。

2 执行重大活动或任务期间的保障性检查。

3 发生灾害事故后的安全检查。

4.3 维 修

4.3.1 一般房屋建筑的维修应以实际维护需求为主,维护周期宜按表 4.3.1 确定。

表 4.3.1 一般房屋建筑维修周期

维修项目	维修周期(年)	
一般房屋已使用年限	<25	≥25
承重构件	按房屋建筑安全使用检测或鉴定结论	
屋面	12	10
外立面(不含幕墙)	8	7
装饰系统	7	6
设备系统	7	6
各类幕墙	应按有关行业标准或规定执行	

4.3.2 停车库及维修车间的维修周期宜按表 4.3.2-1、表 4.3.2-2 确定。

表 4.3.2-1 停车库维修周期

项目	维修周期(年)	
多层停车库已使用年限	<15	≥15
承重构件	按房屋建筑安全使用检测或鉴定结论	
楼地面	7	6
外立面	5	4
内部粉刷	5	4
给排水	5	4
电气	5	4

表 4.3.2-2 维修车间维修周期

项目	维修周期(年)	
维修车间已使用年限	<15	≥15
承重构件	按房屋建筑安全使用检测或鉴定结论	
地面	6	5
外立面	5	4
墙面	4	3
顶棚粉刷	5	4
给排水	5	4
电气	5	4
检修地沟(盖板、集水井、踏步、定位板、引导线、照明、插座)	5	4

4.3.3 房屋建筑承重系统的维修除根据本标准的规定执行外，还应按现行国家标准《民用建筑可靠性鉴定标准》GB 50292 的规定进行适修性评估。

5 场站室外总体设施

5.1 一般规定

5.1.1 场站室外总体设施包括有规划用地的场站室外总体设施和城市道路上运营的公交中途站候车设施。场站室外总体设施应包括公交基础设施规划用地范围内的停车场地、车行道、人行道、地下管线、地下构筑物及地面以上其他附属设施。公交中途站候车设施主要包括候车信息亭、站杆以及电子站牌等。

5.1.2 场站室外总体设施应进行经常性和预防性的养护；当检查发现损坏时，应及时进行维修。

5.2 检　查

5.2.1 场站室外总体设施的日常检查应结合日常运营管理由专人负责，应按专业部门规定的重点区域每日 1 次，一般区域 2 日～3 日 1 次进行。

5.2.2 在日常检查中，当发现道路凹陷、空洞或大于 100 mm 的错台以及井盖、雨水口箅子丢失等影响道路安全运营情况时，应立即上报、设置围挡，并应在现场监视。

5.2.3 场站道路设施的详细检查应包括常规检查和结构强度检测。常规检查每年 1 次；结构强度检测的检查周期按道路 2 年 1 次，场地宜 3 年～4 年 1 次进行。

5.2.4 场站道路设施应按现行行业标准《城镇道路养护技术规范》CJJ 36 的相关要求进行安全检测和使用状况评估。

5.2.5 场站道路设施的专门检查应在下列情况下进行：

1 场地道路进行大修和改扩建时。

2 发生不明原因的沉陷、开裂、冒水等紧急情况时。

3 雨季、台风等灾害天气前后。

4 场地道路超过设计使用年限时。

5 发生其他特殊情况时。

5.2.6 检查主要部位应符合表 5.2.6-1 和表 5.2.6-2 的规定。

表 5.2.6-1 场站室外总体设施现场检查主要部位

项目	分项名称	检查主要部位
室外地面	停车场地面	地面的凹陷、沙化、开裂、缺角、纵缝、横缝、伸缩缝
	车行道地面	地面的凹陷、沙化、翘曲、开裂、缺角、纵缝、横缝、伸缩缝
	人行道地面	地面道板缺失、翘曲、凹陷、开裂
	侧、平石	断缺、开裂、沉陷、警示油漆
	检查井、雨水口、排水明沟、电缆沟、雨污水管道	盖板、篦子、井座、防坠设施、检查井及雨水口内水位、井底积泥(判断是否存在淤堵)
附属设施	移动站亭	屋顶、门窗、墙身、钢骨架、室内地面、照明灯具
	候车廊、充电设施防雨棚	顶棚、混凝土梁板及柱、钢骨架、顶棚照明灯具、雨落水管道、雨水天沟
	自行车棚、非机动车棚	混凝土梁板及柱、钢骨架、顶棚照明灯具、充电插座(仅非机动车棚)、雨落水管道、雨水天沟
	大门、围墙、隔离栏、防撞杆、广告牌、不锈钢排队栏杆、座椅等	道闸、各类铁门、移动伸缩门(含轨道)、伸缩门掩体、门柱及面砖、门头标志、门头钢结构、BRT中途站屏蔽墙及屏蔽门、围墙粉刷及油漆、围墙面砖、围墙开裂损坏、栏杆油漆、栏杆变形损坏、栏杆缺失、候车座椅、各类广告牌、公交站牌
	标志标线	地面标线磨损、交通标牌损坏或缺失、减速带损坏
	室外消火栓、消防水泵接合器、室外阀门井	室外消火栓有无损坏、渗漏,能否正常出水;消防水泵接合器接口是否完好、无渗漏、闷盖齐全;室外阀门井中控制阀门有无渗漏、是否处于全开启状态

续表 5.2.6-1

项目	分项名称	检查主要部位
附属设施	照明系统设施	灯具、灯座、灯罩及灯杆
	无障碍设施	盲道、坡道
	绿化设施	草皮、灌木、乔木、花坛及面砖、花坛围栏
	场地集中污水处理设施	水处理设备、构筑物池壁及盖板、管道、阀门、排污泵

注：室外地面具体检查主要部位应按现行行业标准《公路技术状况评定标准》JTG 5210 执行。

表 5.2.6-2　场站室外总体设施现场检查周期

系统	分项名称	检查周期	备注
室外地面	停车场地面	1 年	—
	车行道地面	1 年	—
	人行道地面	1 年	—
	侧、平石	1 年	—
	检查井、雨水口、排水明沟、电缆沟、雨污水管道	1 年	7—10 月份，检查周期为 2 个月
附属设施	移动站亭	6 个月	—
	候车廊、充电设施防雨棚	6 个月	7—10 月份，检查周期为 2 个月
	自行车棚、非机动车棚	6 个月	7—10 月份，检查周期为 2 个月
	大门、围墙、隔离栏、防撞杆、广告牌、不锈钢排队栏杆、座椅等	6 个月	—
	标志标线	6 个月	—
	室外消火栓、消防水泵接合器、室外阀门井	3 个月	—
	照明系统设施	6 个月	—
	无障碍设施	6 个月	—
	绿化设施	6 个月	—
	场地集中污水处理设施	6 个月	由专业机构按国家相关行业标准或规定进行维护

注：1　室外地面具体检查主要部位按现行行业标准《城镇道路养护技术规范》CJJ 36 执行。

2　室外消防设施的维护管理还应按照国家标准《消防给水及消火栓系统技术规范》GB 50974—2014 中附录 G 的要求进行。

5.2.7 公交中途站候车设施的功能部件每周应至少巡检1次，发现差错、缺损、机件故障等情况，应在2 d内补正、修复。

5.3 维 修

5.3.1 场站道路设施的维修周期应根据表5.3.1确定。

表5.3.1 场站道路设施维修周期

<table>
<tr><th colspan="2">维修项目</th><th>维修周期（年）</th></tr>
<tr><td colspan="2">停车场</td><td>10</td></tr>
<tr><td colspan="2">车行道（枢纽站、首末站）</td><td>7</td></tr>
<tr><td colspan="2">检查井、雨水口、排水明沟、电缆沟、雨污水管道</td><td>6</td></tr>
<tr><td rowspan="10">附属设施</td><td>移动站亭</td><td>4</td></tr>
<tr><td>候车廊、充电设施防雨棚、自行车棚、非机动车棚</td><td>5</td></tr>
<tr><td>大门、围墙、隔离栏、防撞杆、不锈钢排队栏杆、座椅等</td><td>3</td></tr>
<tr><td>标志标线</td><td>2</td></tr>
<tr><td>地下管线</td><td>8～10</td></tr>
<tr><td>室外消火栓、消防水泵接合器</td><td>5</td></tr>
<tr><td>照明系统设施</td><td>3</td></tr>
<tr><td>无障碍设施</td><td>4</td></tr>
<tr><td>绿化设施</td><td>3</td></tr>
<tr><td>场地集中污水处理设施</td><td>5</td></tr>
</table>

注：绿化的日常养护不受维修周期的限制，可自行委托绿化养护。

5.3.2 场站道路的维修应符合现行行业标准《城镇道路养护技术规范》CJJ 36和现行上海市工程建设规范《城市道路养护技术规程》DGJ 08—92的相关规定。

5.3.3 场站的标志标线应经常保持整齐、定期清洁，若出现松动或倾斜等现象时应及时进行修复，对严重磨损及毁坏的标志标线应及时重新划线或更换，并应符合现行国家标准《道路交通标志和标线》GB 5768.1～3 的要求。

5.3.4 维护场站室外总体设施时，应对可能造成周边建（构）筑物、防汛设施、地下管线等设施损坏的现场进行勘察，并采取相应的防护措施。

5.3.5 公交中途站候车设施维修周期为 4 年。公交中途站或始发站在场地道路设施维修时应考虑预留敷设管线的需求。

6 无轨电车供电设施

6.1 一般规定

6.1.1 无轨电车供电设施应包括整流站系统、电缆系统和线网系统等，见表 6.1.1。

表 6.1.1 无轨电车供电设施的组成

设施类别		主要设备
无轨电车供电设施	整流站系统	高压配电设备、整流变压器、整流器、直流配电设备、远动控制设备（智能化控制设备）、辅助电源设备
	电缆系统	配电箱设备（含馈线等附属设备）、架空电缆、地下电缆
	线网系统	电杆墙眼等支持件、网点设备、路段设备、停车保养场设备

6.1.2 无轨电车供电设施的维护应依据相关技术标准的要求，及时修复设备检查出的故障，消除隐患，确保供电设施的正常运行。

6.1.3 无轨电车供电设施维护的检测、验收可按国家现行相关标准及本标准附录 A 的相关规定执行。

6.2 检　查

6.2.1 整流站系统的日常检查应对整流站供电设备运行状况进行全面巡视检查，对易发生故障的设备重点关注。有智能化控制设备的整流站，日常检查每周不应少于 2 次，并应对各电流、电压和电能表计值记录、存档。无智能化控制设备的整流站，日常检查应在每天车辆运营高峰时段前进行，不得少于 1 次，并应对各电流、电压和电能表计值记录、存档。

6.2.2 整流站系统的详细检查应对整流站供电设备主要零部件进行现场校验。详细检查的内容和周期应符合表 6.2.2 的规定。

表 6.2.2 整流站系统详细检查周期

序号	检查项目	检查周期
1	高压开关校验	1 年
2	整流主变压器、辅助变压器校验	1 年
3	整流器校验	2 年
4	直流开关校验	2 年
5	综合保护装置、过电流继电器校验	1 年
6	判别器重合闸、PLC 校验	1 年
7	全站预防性试验	1 年
8	接地电阻测量	1 年
9	馈线压敏电阻校验	1 年 1—2 月份执行
10	交直流避雷器校验	1 年
11	全站安全用具校验	1 年

6.2.3 整流站系统供电设备的检查应严格执行变电设备检修、校验规程及电气设备校验工艺规定，并符合本标准附录 A.0.1 的规定。

6.2.4 电缆系统的日常检查主要是对电缆设备受损状况以及受外来设备干扰情况等进行的巡视检查，每 3 个月不应少于 1 次。

6.2.5 电缆系统的详细检查应对电缆设备进行仪器测量，并辅以工程经验判断。电缆设备的检查试验标准应符合本标准附录 A.0.2 的规定。详细检查的周期，季节转换时不应少于 1 次。主要检查内容见表 6.2.5。

表 6.2.5 电缆系统详细检查主要部位

分项名称	检查主要部位
架空电缆	电缆、扎丝、绝缘白料、横担、绝缘支撑、铜铝连接件等
地下电缆	电缆、绝缘部件、终端接地、中间接头保护装置等

续表6.2.5

分项名称	检查主要部位
馈入线	馈入线、悬吊白料扎丝、玻璃纤维悬吊夹、悬吊绷线等
均压线	均压线、白料扎丝、玻璃纤维悬吊夹、悬吊绷线等
电箱设备	箱体、门锁、铰链、控制闸刀、绝缘装置、底部填充物、橡皮线、铝塑扎丝、测温贴、电缆终端、接线终端等
防雷设备	羊角避雷器、压敏电阻、接地电阻、接地线等

6.2.6 线网系统的日常检查应以消除设备故障隐患为主旨，对外观可见部件进行巡视检查。每月不应少于1次，特殊情况应加强检查。

6.2.7 线网系统的详细检查是对线网设备定期进行的以消除枢纽点总成、路段总成以及场内设备存在的隐患，保持设备功能为主的检测查验。详细检查的内容和周期应符合表6.2.7的规定。

表6.2.7 线网设备详细检查周期

<table>
<tr><th>序号</th><th>检查项目</th><th>检查周期</th><th>备注</th></tr>
<tr><td>1</td><td>网点</td><td>3个月</td><td rowspan="3">1. 节假日前增加1次；
2. 季节转换前增加1次</td></tr>
<tr><td>2</td><td>路段</td><td>6个月</td></tr>
<tr><td>3</td><td>场内</td><td>1个月</td></tr>
</table>

6.2.8 无轨电车供电设施的专项检查应在下列情况下进行：

1 供电设施因遭受暴风、雷雨袭击等自然灾害，造成设备受损、故障、停电。

2 用电负荷增加，重要设备有受损的可能。

3 电气设备发生较严重的烧坏、损坏。

4 在一次详细检查周期内直流开关累计达到百次跳闸。

5 有特殊重要活动，需确保供电设备无故障。

6 配合国家电网要求进行的设备校验工作，包括继电保护装置参数调整等。

7 发生其他危及设备安全的紧急情况。

6.3 维　修

6.3.1 整流站系统的维修应包括日常保养和设备更新。日常保养要求应符合本标准附录 A.0.3 的规定，保养周期应符合表 6.3.1-1 的规定。整流站系统的设备更新宜根据设备的正常使用年限确定，设备更新周期应符合表 6.3.1-2 的规定。对因厂家停产且市场上已采购不到的老型号设备以及经鉴定已不符合国家现行相关规定的整流站系统供电设备，应及时进行维修更新。

表 6.3.1-1 整流站系统设备保养周期

序号	保养项目	保养周期
1	高压配电设备	1 年
2	变压器	6 个月
3	整流器	6 个月
4	直流配电设备	3 个月
5	远动控制设备	3 个月
6	辅助电源设备	1 年

表 6.3.1-2 整流站系统设备更新周期

序号	更新项目	更新周期
1	电子产品更新	8 年
2	远动控制设备升级更新	8 年
3	重要设备(整流变压器、整流器、配电箱及其附属设备等)、元器件技术改进与升级	15 年
4	馈入线、均压线	10 年
5	直流电缆	25 年

6.3.2 电缆系统的维修应结合例行保养做到设备故障的及时排除。室外电箱、(馈线设备、地下电缆)等设备的使用年限超过

15 年，经认定后应进行设备更新。

表 6.3.2 电缆系统设备维修周期

序号	设备	维修周期
1	配电箱及附属设备	15 年
2	馈入线、均压线	10 年
3	地下电缆（单铜芯直流电缆）	25 年

6.3.3 线网系统的维修应根据设备的正常使用年限进行周期性的更新。其维修周期应符合表 6.3.3 的规定。

表 6.3.3 线网系统设备维修周期

<table>
<tr><th>序号</th><th>维修项目</th><th colspan="2">维修周期</th></tr>
<tr><td>1</td><td>网点设备</td><td colspan="2">6 年</td></tr>
<tr><td rowspan="4">2</td><td rowspan="4">路段设备</td><td>吊丝</td><td>3 年</td></tr>
<tr><td>绷配</td><td>10 年</td></tr>
<tr><td>触线</td><td>16 年</td></tr>
<tr><td>搭线器</td><td>2 年</td></tr>
<tr><td>3</td><td>场内设备</td><td colspan="2">10 年</td></tr>
<tr><td>4</td><td>环形钢筋混凝土电杆</td><td colspan="2">20 年</td></tr>
<tr><td>5</td><td>圆锥形八角钢电杆</td><td colspan="2">25 年</td></tr>
<tr><td>6</td><td>墙眼支撑件</td><td colspan="2">25 年</td></tr>
</table>

6.3.4 无轨电车供电设施维修过程中的设计、选型、施工等应严格遵循国家相关的法规、标准和施工工艺要求；对设备进行的更新、改装及调试，应体现新技术、智能化和节能高效的原则，并对所有各阶段技术文件存档保存并保持完整性。

7　车辆充电设施

7.1　一般规定

7.1.1　车辆充电设施包括供电系统、配电系统、充电设备等。具体设施组成详见表 7.1.1。

表 7.1.1　车辆充电设施的组成

设施类别		主要设备
车辆充电设施	供电系统	高低压配电设备、变压器、辅助电源设备
	配电系统	电箱设备、电缆
	充电设备	非车载充电机、电缆

7.1.2　车辆充电设施的维护应依据相关技术标准的要求，及时修复设备检查出的故障，消除隐患，确保充电设施的正常运行。

7.2　检　查

7.2.1　供电系统的日常检查应对变电所供电设备运行状况进行全面巡视检查，对易发生故障的设备重点关注。日常检查每周不应少于 2 次。

7.2.2　供电系统的详细检查应对变电所供电设备主要零部件进行现场校验。详细检查的内容和周期应符合表 7.2.2 的规定。

表 7.2.2　供电系统详细检查周期

序号	检查项目	检查周期
1	高压开关校验	1 年

续表 7.2.2

序号	检查项目	检查周期
2	主变压器、辅助变压器校验	1年
3	综合保护装置、过电流继电器校验	1年
4	全站预防性试验	1年

7.2.3 供电设备的检查应严格执行变电设备检修、校验规程及电气设备校验工艺的规定。

7.2.4 配电系统的日常检查主要是对配电设备受损状况以及受外来设备干扰情况等进行的巡视检查，每3个月不应少于1次。

7.2.5 配电系统的详细检查应对电箱设备、电缆设备进行仪器测量，并辅以工程经验判断。详细检查的周期每年不应少于1次，主要检查内容见表7.2.5。

表 7.2.5 电缆系统详细检查主要部位

分项名称	检查主要部位
电缆	电缆、绝缘部件、终端接地、中间接头保护装置等
电箱设备	箱体、门锁、铰链、控制闸刀、绝缘装置、底部填充物、橡皮线、铝塑扎丝、测温贴、电缆终端、接线终端等
防雷设备	羊角避雷器、压敏电阻、接地电阻、接地线等

7.2.6 充电设备的日常检查应以消除设备故障隐患为主旨，对外观可见部件进行巡视检查，每月不应少于1次。

7.2.7 车辆充电设施的专门检查应在下列情况下进行：

1 供电设施因遭受暴风、雷雨袭击等自然灾害，造成设备受损、故障、停电。

2 用电负荷增加，重要设备有受损的可能。

3 电气设备发生较严重的烧坏、损坏。

4 有特殊重要活动，需确保供电设备无故障。

5 配合国家电网要求进行的设备校验工作，包括继电保护装置参数调整等。

6　发生其他危及设备安全的紧急情况。

7.2.8　宜采用先进技术和设备进行巡检。

7.3　维　修

7.3.1　供电系统的维修应包括日常保养和设备更新。日常保养要求应符合本标准附录A.0.3条的规定，保养周期应符合表7.3.1-1的规定。供电系统的设备更新宜根据设备的正常使用年限确定，设备更新周期应符合表7.3.1-2的规定。因厂家停产且市场上已采购不到的老型号设备以及经鉴定已不符合国家现行相关规定的供电设备，应及时进行维修更新。

表7.3.1-1　供电系统设备保养周期

序号	保养项目	保养周期
1	高压配电设备	1年
2	变压器	6个月
3	配电设备	3个月
4	远动控制设备	3个月
5	辅助电源设备	1年

表7.3.1-2　供电系统设备更新周期

序号	更新项目	更新周期
1	电子产品升级更新	6年(注)
2	远动控制设备升级更新	6年(注)
3	重要设备(变压器、整流器等)更新	15年

注：由于场站电子产品较其他类场所使用频率较高，应根据实际使用情况选择故障率低的产品。

7.3.2　配电系统的维修应结合检查周期对设备进行定期保养。因故障受损以及超过正常使用年限、技术性能不达标的配电设备应及时进行维修更新。对于因市政道路改道或大修而涉及的电缆设备移位以及架空电缆落地等情况，也应纳入维修更新内容。

7.3.3 应每年制订设备分级保养计划，并按期实施。充电设备的维修应根据设备的正常使用年限进行周期性的更新，设备更新周期应符合表7.3.3的规定。

表7.3.3 充电设备更新周期

序号	更新项目	更新周期
1	非车载充电机	5年
2	集控箱	8年
3	充电弓	8年

7.3.4 车辆充电设施维修过程中的设计、选型、施工等应严格遵循国家相关的法规、标准和施工工艺要求；对设备进行的更新、改装及调试，应体现新技术、智能化和节能高效的原则。

7.3.5 应制订设备分级保养计划。保养的内容包括对运行设备进行全面检查、维护，并提供相关报告。

8 场站智能化设施

8.1 一般规定

8.1.1 场站智能化设施应包括通信、安全防范、信息采集与发布、建筑设备监控、火灾报警及消防联动、电车供电运行控制、车辆充电设施监控等7个系统。各系统的维护宜按前端设备、传输线路和中心控制设备分别进行。

8.1.2 场站智能化设施的维护及验收应按照国家相关规定及本标准附录B、附录C执行。

8.2 检 查

8.2.1 场站智能化设施的日常检查应结合运营管理，安排专人每天进行。

8.2.2 场站智能化设施的详细检查内容和周期应按表8.2.2执行。

表8.2.2 场站智能化设施详细检查的内容和周期

序号	名称	内容	周期
1	前端设备	前端摄像机、探测器、报警设备、控制设备、周界电子围栏、信息发布终端、信息插座、场站信息化管理系统终端等	3个月
2	传输线路	管线质量、防雷接地、屏蔽情况、线路接头质量、传输光纤质量等	3个月
3	中心控制设备	系统控制设备的软、硬件的检查；各系统的功能综合测试	3个月

8.2.3 场站智能化设施的专门检查应在下列情况下进行：

1 重大活动期间根据相关管理部门提出要求，须确保设施完好性的检查。

2 雷雨季节前后，对相关设备防雷接地、防水设施和设备安全性的检查。

8.2.4 特殊时期保障应根据需要加强维护人员、备品备件的配置。

8.2.5 维护单位应在检查前做好相关技术、文件等资料的准备工作，包括但不限于下列内容：

1 符合智能化系统工程现状的图纸。

2 相关部门出具的法律文书。

3 系统设备台账。

4 产品说明书、系统操作手册和维护手册。

5 系统和设备的检测记录、运行和维护记录。

6 供应商通信录、集成商通信录及分包商通信录。

7 系统和设备的安装软件、备品备件和在市场上可替代品的采购资料。

8.3 维　修

8.3.1 场站智能化设施更新宜根据设备的正常使用年限确定，设备更新周期建议按表 8.3.1 的规定。当场站智能化设施的可靠性不能满足安全使用要求时，应对相应系统进行维修，并根据本标准的规定确定维修工程的范围和规模。

表 8.3.1　场站智能化设施更新周期

序号	更新项目	更新周期
1	前端设备	3 年
2	传输线路	5 年
3	中心控制设备	5 年

8.3.2 场站智能化设施的维修主要包括下列内容：

1 紧急故障维修。

2 一般故障维修。

3 特殊情况的维修和新增设备安装。

4 周期性的设备更换和维修。

8.3.3 场站智能化设施的维修宜与公交基础设施中的房屋建筑和场地道路的维修同步进行，并与各机电系统的维修相协调。

8.3.4 场站智能化设施的维修应考虑新增设备与原有设备的兼容性。对技术老化和性能不满足使用要求的主要设备和软件系统，应进行专项论证。

8.3.5 场站调度管理中心宜收集场站相关静态基础数据及动态实时数据，形成统一标准的信息数据库。

附录 A 电车供电设施保养及检修试验标准

A. 0. 1 整流站系统检修试验标准应符合表 A. 0. 1-1 的规定。

表 A. 0. 1-1 整流站系统检修试验标准

序号	设备名称	检验周期	耐压标准	绝缘电阻	备注
1	高压开关	1 年	AC 38 kV/min	≥1 000 MΩ	—
2	10 kV 油浸式变压器	1 年	绝缘油 AC 20 kV 耐压 DC 25 kV/min 泄漏 DC 10 kV/min 注 1	注 3	包括主变压器及辅助变压器
3	10 kV 干式变压器	1 年	耐压 DC 23 kV/min 泄漏 DC 10 kV/min 注 2	注 3	包括主变压器及辅助变压器
4	整流器	2 年	一次对二次 AC 2 kV/min 次级对地及初级 AC 1.5 kV/min 整流器元件反向不重复最高峰值电压≥1 600 V	—	—
5	直流开关	1 年	AC 3 kV/min	>5 MΩ	—
6	10 kV 交流电排	1 年	AC 38 kV/min	—	包括进线开关、整流器开关、交流闸刀、电流互感器、电压互感器
7	600 V 直流电排	1 年	AC 3 kV/min	—	—

注：1 10 kV 油浸式变压器泄漏电流应按表 A. 0. 1-2 取值。
2 10 kV 干式变压器泄漏电流应按表 A. 0. 1-3 取值。
3 变压器线圈绝缘电阻最小容许数值应按表 A. 0. 1-4 取值。

表 A.0.1-2　10 kV 油浸式变压器泄漏电流

试验电压	绝缘温度				
DC 10 kV	0℃	10℃	20℃	30℃	40℃
泄漏电流（μA）	20	30	40	60	90

表 A.0.1-3　10 kV 干式变压器泄漏电流

试验电压	绝缘温度				
DC 10 kV	0℃	10℃	20℃	30℃	40℃
泄漏电流（μA）	25	45	70	110	175

表 A.0.1-4　变压器线圈绝缘电阻最小容许数值

高压线圈电压等级	绝缘温度							
3～10 kV	10℃	20℃	30℃	40℃	50℃	60℃	70℃	80℃
绝缘电阻（MΩ）	450	300	200	130	90	60	40	25

A.0.2　电缆系统检修试验标准应符合表 A.0.2 的规定。

表 A.0.2　电缆系统检修试验标准

序号	项目	检修周期	耐压标准
1	1 kV 油浸纸绝缘单芯电力电缆	故障恢复后校验	DC 5 kV/5 min <250 μA
2	1 kV 塑料电缆	故障恢复后校验	DC 2.5 kV/5 min
3	10 kV 交流电缆	1 年	DC 50 kV/5 min 不平衡系数<2

A.0.3　整流站系统（供电系统）的保养要求应符合表 A.0.3 的规定。

表 A.0.3　整流站系统（供电系统）的保养要求

序号	保养要求	备注
1	整体清除交直流电排、高压开关、闸刀、电流互感器、电压互感器、辅助变压器、熔断器、绝缘子、电缆头、操作机构等部件上的积灰。检查各部件的连线、接地装置及螺丝有无发热、变色，检查电缆头、接线桩头是否牢固可靠；检查闸刀接触是否良好，有无烧灼现象	如遇特殊情况，可根据需要增加保养次数

续表 A.0.3

序号	保养要求	备注
2	清除所有表计、控制开关、指示灯、继电器、接触器、电阻、熔断器、螺丝、连接排等部件上的积灰。检查接触器、继电器有无烧灼现象，检查各表计指示、控制开关、熔断器等是否正常	如遇特殊情况，可根据需要增加保养次数
3	用刷子刷清各控制小线、桩头板上的积灰。检查小线有无松动、脱落	
4	检查开关主触头、闸刀如有轻微烧灼痕迹，用细锉修整，并测量开距，对达不到标准的进行调换	
5	检查电力 SCADA 监控功能是否正常，查看开关状态、三遥数据是否一致，检查远程抄表功能是否正常	

附录 B 安全防范系统检验方法

B.0.1 入侵报警系统检验方法应符合表 B.0.1 的规定。

表 B.0.1 入侵报警系统检验方法

<table>
<tr><th>序号</th><th colspan="2">检验项目</th><th>检验要求及测试方法</th></tr>
<tr><td rowspan="4">1</td><td rowspan="4">入侵报警功能检验</td><td>各类入侵探测器报警功能检验</td><td>各类入侵探测器应按相应标准规定的检验方法检验探测灵敏度及覆盖范围。在设防状态下，当探测到有入侵发生时，应能发出报警信息。防盗报警控制设备上应显示出报警发生的区域，并发出声、光报警。报警信息应能保持到手动复位。防范区域应在入侵探测器的有效探测范围内，防范区域内应无盲区</td></tr>
<tr><td>紧急报警功能检验</td><td>系统在任何状态下触动紧急报警装置，在防盗报警控制设备上应显示入侵发生地址，并发出声、光报警。报警信息应能保持到手动复位。紧急报警装置应有防误触发措施，被触发后应自锁。当同时触发多路紧急报警装置时，应在防盗报警控制设备上依次显示出报警发生区域，并发出声、光报警信息，报警信息应能保持到手动复位，报警信号应无丢失</td></tr>
<tr><td>多路同时报警功能检验</td><td>当多路探测器同时报警时，在防盗报警控制设备上应显示出报警发生地址，并发出声、光报警信息。报警信息应能保持到手动复位，报警信号应无丢失</td></tr>
<tr><td>报警后的恢复功能检验</td><td>报警发生后，入侵报警子系统应能手动复位。在设防状态下，探测器的入侵探测与报警功能应正常；在撤防状态下，系统对探测器的报警信息应不响应</td></tr>
<tr><td>2</td><td>防破坏及故障报警功能检验</td><td>入侵探测器防拆报警功能检验</td><td>在任何状态下，当探测器机壳被打开时，在防盗报警控制设备上应显示出探测器地址，并发出声、光报警信息，报警信息应能保持到手动复位</td></tr>
</table>

续表 B.0.1

序号	检验项目		检验要求及测试方法
2	防破坏及故障报警功能检验	防盗报警控制设备防拆报警功能检验	在任何状态下，当防盗报警控制设备机盖被打开时，防盗报警控制设备应发出声、光报警。报警信息应能保持到手动复位
		防盗报警控制设备信号线防破坏报警功能检验	在有线传输系统中，当报警信号传输线被开路、短路及并接其他负载时，防盗报警控制设备应发出声、光报警，应显示报警信息。报警信息应能保持到手动复位
		入侵探测器电源线防破坏功能检验	在有线传输系统中，当探测器电源线被切断时，防盗报警控制设备应发出声、光报警，并显示线路故障信息。该信息应能保持到手动复位
		防盗报警控制设备主备电源故障报警功能检验	当防盗报警控制设备主电源发生故障时，备用电源应自动工作，同时应显示主电源故障信息；当备用电源发生故障或欠压时，应显示备用电源故障或欠压信息。该信息应能保持到手动复位
		电话线防破坏功能检验	在利用市话网传输报警信号的系统中，当电话线被切断时，防盗报警控制设备应发出声、光报警，并显示线路故障信息。该信息应能保持到手动复位
3	记录显示功能检验	显示信息检验	系统应具有信息显示、记录开机、关机时间、报警、故障、被破坏、设防时间、撤防时间、更改时间等信息的功能
		记录内容检验	应显示报警的时间、地点、报警信息性质、故障信息性质等信息。信息内容要求准确、明确
		管理功能检验	具有管理功能的系统，应能自动显示、记录系统的工作状况。应具有多级管理密码
4	系统自检功能检验	自检功能检验	系统应具有自检或巡检功能，当系统中入侵探测器或报警控制设备发生故障、被破坏时，均应有声、光报警。报警信息应能保持到手动复位
		设防/撤防、旁路功能检验	系统应能手动、自动设防、撤防，应能按时间在全部及部分区域任意布防和撤防；设防、撤防状态应有显示，并有明显区别

续表 B.0.1

序号	检验项目	检验要求及测试方法
5	系统报警响应时间检验	① 检测从探测器探测到报警信号到系统联动设备启动之间的响应时间，其指标应符合设计要求； ② 检测从探测器探测到报警信号经市话网电话线传输（双音频）到报警控制设备接收到报警信号，系统接警响应时间应符合设计要求； ③ 检测系统发生故障到报警控制设备显示信息之间的响应时间
6	报警复核功能检验	在有报警复核的系统中，当报警发生时，系统应能对报警现场进行声音或图像复核
7	报警声级检验	用声级计在距离音响发声器件正前方 1 m 处测量：控制台内置发声器件及外置发声器件声级应符合设计要求
8	报警优先功能检验	对于经市话网电话线传输报警信息的系统，在主叫方式下应具有报警优先功能
9	其他项目检验	对于具体工程中具有的而以上功能中未涉及的项目，其检验要求应符合相应行业标准、工程合同及设计任务书的要求

B.0.2 视频安防监控系统检验方法应符合表 B.0.2 的规定。

表 B.0.2 视频安防监控系统检验方法

序号	检验项目		检验要求及测试方法
1	系统控制功能检验	编程功能检验	通过控制设备键盘可手动或自动编程，实现对所有的视频图像在指定的监视器上进行固定或时序显示、切换
		遥控功能检验	控制设备对云台、镜头、防护罩等所有前端受控部件的控制应平稳、准确
2	监视功能检验		① 监视区域应符合设计要求，监视区域内照度应符合设计要求，如不符合要求，是否有辅助光源； ② 对设计中要求应监视的要害部位，是否实现实时监视、无盲区

续表 B.0.2

序号	检验项目	检验要求及测试方法
3	显示功能检验	① 单画面或多画面显示的图像应清晰、稳定； ② 监视画面上应显示出日期、时间及所监视画面前端摄像机的编号或地址码； ③ 应具有画面定格、切换显示、多路报警显示、任意设定视频警戒区域等功能； ④ 图像显示质量应符合设计要求，并按国家标准 GB 7401 对图像质量进行五级评分
4	记录功能检验	① 对前端摄像机所摄图像应能按设计要求进行记录，对设计中要求应记录的图像应连续、可靠； ② 记录画面上应记录日期、时间及所监视画面前端摄像机的编号或地址码； ③ 应具有存储功能，在停电或关机时，对所有的编程设置、摄像机编号、时间、地址等均可存储，一旦恢复供电，系统应自动进入正常工作状态
5	回放功能检验	① 回放图像应清晰，灰度等级、分辨率应符合设计要求； ② 回放图像的日期、时间及所监视画面前端摄像机的编号或地址码应清晰、准确； ③ 当记录图像为报警联动所记录图像时，回放图像应保证报警现场摄像机的覆盖范围，使回放图像能再现报警现场； ④ 回放图像与监视图像比较应无明显劣化，移动目标图像的回放效果应达到设计要求的鉴别等级
6	报警联动功能检验	① 当入侵报警子系统有报警发生时，联动装置应将相应设备自动开启，报警现场画面应能显示到指定监视器上，应能显示出摄像机的地址码及时间，应能单画面记录报警画面； ② 当与入侵探测系统、出入口控制子系统联动时，应能准确触发所联动设备； ③ 对于其他系统的报警联动功能，应符合设计要求
7	图像丢失报警功能检验	当视频输入信号丢失时，应能发出报警
8	其他项目功能检验	对于具体工程中具有的而以上功能中未涉及的项目，其检验要求应符合相应标准、工程合同及正式设计文件的要求

B.0.3 出入口控制系统检验方法应符合表 B.0.3 的规定。

表 B.0.3　出入口控制系统检验方法

序号	检验项目	检验要求及测试方法
1	目标识读装置功能检验	① 出入口目标识读装置应符合相应产品标准的技术要求； ② 目标识读装置应保证操作的有效性
2	信息处理/控制设备功能检验	① 对各类不同的通行对象及其准入级别，应具有实时控制和多级程序控制功能； ② 不同级别的入口应有不同的识别密码，以确保不同级别证卡的有效进入； ③ 有效证卡应有防止使用同类设备非法复制的密码系统，密码系统应能修改； ④ 控制设备对执行机构的控制应准确、可靠； ⑤ 对于每次有效进入，均应自动存储该进入人员或车辆的相关信息和进入时间，并能每天进行有效统计和记录存档，可对出入口数据进行统计、筛选等数据处理； ⑥ 应具有多级系统密码管理功能，对系统中任何操作均应有记录； ⑦ 出入口控制子系统应独立运行，当处于综合系统中时，应可与监控中心联网； ⑧ 应有应急开启功能
3	执行机构功能检验	① 执行机构的动作应实时、安全、可靠； ② 执行机构的一次有效操作，只能产生一次有效动作
4	报警功能检验	① 出现非授权进入、超时开启时应能发出报警信号，应能显示出非授权进入、超时开启发生的时间、区域或部位，应与授权进入显示有明显区别； ② 当识读装置和执行机构被破坏时，应能发出报警
5	楼寓(可视)对讲电控防盗门系统功能检验	① 室外机与室内机应能实现双向通话，声音应清晰、无明显噪声； ② 室内机的开锁机构应灵活、有效； ③ 电控防盗门及防盗门锁具应符合有关标准要求，应具有有效期内的型式检验报告，电控开锁、手动开锁及用钥匙开锁均应正常可靠； ④ 具有报警功能的楼寓对讲系统，报警功能应符合入侵报警子系统相关要求； ⑤ 关门噪声应符合设计要求； ⑥ 可视对讲系统的图像应清晰、稳定，图像质量应符合设计要求

续表 B.0.3

序号	检验项目	检验要求及测试方法
6	其他项目检验	对于具体工程中具有的而以上功能中未涉及的项目，其检验要求应符合相应行业标准、工程合同及正式设计文件的要求

B.0.4 电子巡查系统检验方法应符合表 B.0.4 的规定。

表 B.0.4 电子巡查系统检验方法

序号	检验项目	检验要求及测试方法
1	巡更设置功能检验	对于在线式的巡更子系统，应能设置保安人员巡更软件程序，应能对保安人员巡逻的工作状态（是否准时、是否遵守顺序等）进行实时监督、记录。当发生保安人员不到位时，应有报警功能；当与入侵报警子系统、出入口控制子系统报警联动时，应保证对联动设备的控制准确、可靠。 对于离线式的巡更子系统，应能保证信息识读准确、可靠
2	记录打印功能检验	应能记录打印执行器编号、执行时间、与设置程序的比对等信息
3	管理功能检验	应有多级系统管理密码，对系统中的各种动作均应有记录
4	其他项目检验	对于具体工程中具有的而以上功能中未涉及的项目，其检验要求应符合相应标准、工程合同及正式设计文件的要求

B.0.5 停车场管理系统检验方法应符合表 B.0.5 的规定。

表 B.0.5 停车场管理系统检验方法

序号	检验项目	检验要求及测试方法
1	识别功能检验	对车型、车号的识别应符合设计要求，识别应准确、可靠
2	控制功能检验	应能自动控制出入道闸，且不损害出入目标

续表 B.0.5

序号	检验项目	检验要求及测试方法
3	报警功能检验	当有意外情况发生时，应能向有关部门报警
4	出票验票功能检验	在车库(场)的入口区、出口区设置的出票装置、验票装置应符合设计要求，出票验票均应准确、无误
5	管理功能检验	应能进行整个停车场的收费统计和管理(包括多个出入口的联网和监控管理)； 应独立运行，应能与安防系统监控中心联网
6	显示功能检验	应能明显显示车位，应有出入口及场内通道的行车指示，应有自动计费与收费金额显示
7	其他项目检验	对于具体工程中具有的而以上功能中未涉及的项目，其检验要求应符合相应行业标准、工程合同及设计任务书的要求

附录C　车辆充电设施监控系统检验方法

表C　车辆充电设施监控系统检验方法

序号	检验项目	检验要求及测试方法
1	显示功能检验	查看监控中心大屏数量及监视器数量，检测图像显示是否正常
2	监控中心软、硬件检验	查看监控中心服务器及工作站数量和软件运行状况，备份各系统软件及数据库，更新病毒库，系统补丁升级
3	电力SCADA监控功能检验	查看开关状态、三遥数据是否正常（一致）
4	远程抄表功能检验	查看电表状态是否正常
5	车位检测功能检验	查看车辆停放状态检测功能是否正常
6	安防监控功能检验	查看充电桩监控摄像头是否正常，监控图像保存是否完整
7	机房供电系统检验	检查机房供电电源主备切换及UPS放电试验
8	网络检验	检查网络通道是否正常（局域网、广域网、对讲电话），测试丢包率
9	其他项目检验	对于具体工程中具有的而以上功能中未涉及的项目，其检验要求应符合相应行业标准、工程合同及设计任务书的要求

本标准用词说明

1 为了便于在执行本标准条文时区别对待，对要求严格程度不同的用词说明如下：

1) 表示很严格，非这样做不可的用词：
正面词采用“必须”；
反面词采用“严禁”。

2) 表示严格，在正常情况均应这样做的用词：
正面词采用“应”；
反面词采用“不应”或“不得”。

3) 表示允许稍有选择，在条件许可时首先应这样做的用词：
正面词采用“宜”；
反面词采用“不宜”。

4) 表示有选择，在一定条件下可以这样做的用词，采用“可”。

2 标准中指定应按其他有关标准执行时，写法为“应符合……的规定(要求)”或“应按……执行”。

引用标准名录

1 《道路交通标志和标线》GB 5768
2 《民用建筑可靠性鉴定标准》GB 50292
3 《消防给水及消火栓系统技术规范》GB 50974
4 《城镇道路养护技术规范》CJJ 36
5 《房屋渗漏修缮技术规程》JGJ/T 53
6 《民用建筑修缮工程查勘与设计标准》JGJ/T 117
7 《公路技术状况评定标准》JTG 5210
8 《城市道路养护技术规程》DGJ 08—92
9 《房屋修缮工程技术规程》DG/TJ 08—207
10 《既有建筑外立面整治设计规范》DG/TJ 08—2146

上海市工程建设规范

城市地面公共交通基础设施维护标准

DG/TJ 08—2104—2022
J 12085—2022

条 文 说 明

2023 上海

目次

Contents

1 总 则

1.0.1 本条阐明了本标准制定的目的。通过本标准的编制，为本市城市地面公共交通基础设施维护的实施提供依据。

1.0.2 本条明确了本标准的适用范围。对于新技术公交车辆，由于种类较多，技术发展较快，且大多尚处于试验运行阶段，结合本市目前正式投入运营的超级电容公交车和纯电动公交车基础设施的维护经验，在本条文中对其维护作出原则说明。

1.0.3 公交基础设施的维护应注重实用性和经济性，积极贯彻国家节约能源和环境保护的战略方针，提倡新产品、新技术、新材料、新工艺的推广应用。

1.0.4 公交基础设施的维护涉及房屋建筑、场地道路及各类专门的设备设施等，类型十分庞杂，除在本标准中已作明确规定的以外，各类设施已有的国家和地方现行标准中的有关维护规程和规定也应予以执行。特殊工作性质的用房或设备设施（如场站机房和专业生产用房等）的维护，有特殊规定的，应符合相关规定的要求，但其安全质量要求不得低于本标准的规定。

3 基本规定

3.1 维护工作内容

3.1.1 本条规定了公交基础设施维护工作的基本内容。

3.1.2 本条规定了公交基础设施的检查分类。专门检查还包括防台风季节性检查。

3.1.3 本条说明了应急维修的适用情况及上报要求。

3.1.4 本条明确了公交基础设施维修的依据。对于日常性的一级维修保养,结合日常检查工作同步进行可以方便操作,提高效率。

3.2 维护工作要求

3.2.1,3.2.2 条文规定了公交基础设施维护工作的基本原则和要求。

3.2.3 本条对建成并已投入使用的公交基础设施维护所依据的基础资料作出相关规定。工程竣工资料主要包括:岩土工程勘察报告、设计计算书、设计变更记录、施工图、施工及施工变更记录、竣工图、竣工质检及验收文件(包括隐蔽工程验收记录)、定点观测记录、事故处理报告;设备的合格证、使用说明、安装记录、保修责任书、保养规定等。

3.2.4 本条规定了公交基础设施维护前的工作准备。对于在上次维护后至本次维护期间,公交基础设施如果曾出现过故障或事故,则本次维护前应认真查阅故障或事故部位的处理记录及其日常运行记录,以供本次维护借鉴。

3.2.5 公交基础设施的日常检查和维护可由受过培训的生产管理人员和具有专业技能的操作人员进行，详细检查和专门检查可委托具有相关资质的专业检测机构承担，并应出具检查报告。

3.2.6 维护设计不改变原有建筑功能布局，故不涉及原结构改变。如果改变原有建筑主体承重结构及建筑整体使用功能等，则不属于本标准规定的维护范围，应按照改扩建项目另外立项报建。如需改造，应委托房屋检测专业机构进行结构安全性检测或结构抗震性能检测。

3.2.7 对于外墙面的保温隔热层，如需改变，不应降低原节能设计标准。如果涉及门窗更换，可按现有规范相关规定执行。

4 房屋建筑设施

4.1 一般规定

4.1.1 本条说明了房屋建筑的各组成部分，其中围护系统包括屋面及外立面，设备系统包括给排水及采暖设备、通风与空调设备、电气设备、电梯及其他设备。辅助建筑指警卫室、调度管理房、办公楼（或综合楼）、职工食堂或浴室、垃圾房及其他跟公交系统相关的民用建筑。特殊建筑指独立建造的变配电房、电车供电整流站等相关电气设备用房、加油加气站及洗车站、危险品材料用房等。特殊建筑内部设施设备的维护应按照国家或行业的有关规定执行。对于特殊的公交基础设施，如加油加气站、洗车设施、电梯、自动扶梯以及职工食堂中的厨房专用设备，由于已有专门的行业标准或规定，其维护办法和要求本标准中不再作详细规定。

4.2 检 查

4.2.1 本条明确了房屋建筑日常检查人员。

4.2.2 本条中的分类参照了现行行业标准《民用建筑修缮工程查勘与设计标准》JGJ/T 117、《房屋渗漏修缮技术规程》JGJ/T 53 以及现行上海市工程建设规范《房屋修缮工程技术规程》DG/TJ 08—207、《既有建筑外立面整治设计规范》DG/TJ 08—2146 的相关规定。

4.2.3 参照本市现行相关标准和规程，结合公交基础设施中房屋建筑的特点，详细规定了房屋建筑完损状况检查的检查主要部位和内容。

4.2.4 本条规定的检查周期为满足正常使用的周期，并根据本市季节性灾害来临的时间，对于部分相关项目作了特殊限定。

4.2.5 判定房屋结构是否完好，应结合结构构件的损伤、质量及结构改动状况和使用状况综合分析。

4.2.6 本条参照了本市现行相关标准，结合公交基础设施房屋建筑的特点，规定了不同结构类型的房屋结构完好性检查周期。

4.2.7 本条阐明了房屋建筑专门检查的实施要求。

4.3 维 修

4.3.1 房屋建筑在一般情况下按本条规定的周期组织维修。房屋建筑若经检查确认存在使用安全或影响公共安全的状况，应及时组织维修。另外，对于部分人流量较大的公交起讫站及枢纽站，其装饰系统的维修周期可适当缩短。

4.3.2 根据目前本市公交行业内现有实际维护周期，多层停车库及维修车间的维修周期短于其他类型的房屋建筑。因此，将多层停车库作为一类特殊的房屋建筑类型，对其维修周期按现有实际维护情况作了规定。

4.3.3 除承重结构的维修应进行适修性评估外，对于已达到原设计使用年限或原设计标准不符合现行国家相关规范要求的房屋建筑结构，维修时也应进行适修性评估。

5 场站室外总体设施

5.1 一般规定

5.1.1 本条对场站室外总体设施的内容和范围进行了界定。其中，地面以上其他附属设施主要指移动站亭、候车廊、围墙、大门、自行车棚及非机动车棚、隔离栏、标志标线、室外消火栓及其他地面消防设施、照明系统设施、绿化设施及无障碍设施等。

5.2 检 查

5.2.1 本条中重点区域是指人流量或车流量大的区域，一般区域是指人流量或车流量较小的区域。

5.2.3 本条规定了场地道路详细检查的内容和周期。常规检查主要是对停车场、车行道、人行道、广场铺装以及附属设施的平整度和破损情况的检查。结构强度检查主要是对路基损坏情况的检查。

5.2.5 其他特殊情况包括重大活动前或发生地质灾害后等情况。

5.3 维 修

5.3.1 根据本市公交行业内现有场站设施的实际维护状况，本条规定了场站道路设施的维修周期。人行道、侧平石的维修，宜在车行道维修时综合考虑。

5.3.4 场站室外总体设施维护实施过程中有可能对用地周边外围其他设施造成影响，故本条提出了相应要求。

6　无轨电车供电设施

6.1　一般规定

6.1.1　本条明确了无轨电车供电设施的系统内容及主要设备。

6.1.2　为保障车辆的安全运行，本条规定了无轨电车供电设施的维护应做到及时发现、及时维护。

6.2　检　查

6.2.1，6.2.2　条文规定了整流站系统日常检查和详细检查的内容和周期。

6.2.3　本条明确了整流站系统供电设备的检查要求和标准。检查结果应与历年的试验数据作比较，进行综合分析，以掌握设备绝缘状况，及时发现设备隐患。

6.2.4，6.2.5　条文规定了电缆系统的日常检查和详细检查的主要内容、周期和标准。

6.2.6，6.2.7　条文规定了线网系统检查的内容、要求和周期。检查中应注意观察与处理线网枢纽点总成、路段总成以及场内设备已经形成的可见缺陷或隐患，特别是针对执行较大范围内支承部件（如电杆）的详细查验，以满足电车集电器滑行的基本要求。

6.2.8　本条列举了需要对无轨电车供电设施进行专门检查的几种特殊情况。专门检查应按照详细检查的要求，对相关设备进行认真查验，并做好记录。

6.3 维 修

6.3.1 根据目前本市整流站系统供电设备的维护经验以及相关行业规定，本条对设备日常保养与更新的周期作了规定。

6.3.2 电缆系统的维修应结合例行保养做到设备故障的及时排除。室外电箱、馈线设备和地下电缆等设备的更换周期超过15年，经认定后应进行更新。

6.3.3 根据目前本市线网系统的维护经验以及相关行业规定，本条对其维修周期作了规定。

6.3.4 本条规定了无轨电车供电设施维修的具体原则。

7 车辆充电设施

7.1 一般规定

7.1.1 本条明确了电动公交车的充电设施的系统内容及主要设备。

7.1.2 为保障车辆的安全运行，本条规定了车辆充电设施的维护应做到及时发现、及时维护。

7.2 检查

7.2.1，7.2.2 条文规定了供电系统日常检查和详细检查的内容和周期。

7.2.3 本条明确了供电系统供电设备的检查要求和标准。检查结果应与历年的试验数据作比较，进行综合分析，以掌握设备绝缘状况，及时发现设备隐患。

7.2.4，7.2.5 条文规定了配电系统的日常检查和详细检查的主要内容、周期和标准。

7.2.6 本条规定了充电设备日常检查的基本要求。

7.2.7 本条列举了需要对车辆充电设施进行专门检查的几种特殊情况。专门检查应按照详细检查的要求，对相关设备进行认真查验，并做好记录。

7.3 维修

7.3.1 根据目前本市供电系统供电设备的维护经验以及相关行

业规定，本条对设备日常保养与更新的周期作了规定。

7.3.2 配电系统的维修应结合例行保养做到设备故障的及时排除。室外电箱等设备的使用年限超过 15 年，经认定后应进行更新。

7.3.3 根据目前充电设备制造商的维护经验以及相关行业规定，本条对其维修周期作了规定。

7.3.4 本条规定了车辆充电设施维修的具体原则。

8　场站智能化设施

8.1　一般规定

8.1.1　场站智能化设施的系统涵盖了房屋建筑设施中的弱电系统、电车供电运行控制系统和车辆充电设施监控系统。其中，电车供电运行控制系统是指电车供电设施的智能化控制系统。安全防范系统根据公安部门的规定又可划分为以下5个子系统：视频监视系统；入侵报警系统；电子巡查系统；停车库管理系统；出入口管理系统。本章中规定的场站智能化设施的检查、维修宜按每个子系统分别进行。

8.2　检　查

8.2.1　场站智能化设施的日常检查应由专门管理人员或使用人员结合每天工作进行例行巡视，主要查验设备设施的正常运行状态和功能完好性。

8.2.2　本条规定了场站智能化设施详细检查的内容和周期。

8.2.3　根据紧急或特殊情况的需要，场站智能化设施专门检查的范围和内容可参照详细检查的相关规定。

8.2.4　特殊时期一般可以是国家重要节假日、政府或相关职能部门组织的重大活动期间，以及国家应急管理部门预报发布的涉及重大自然灾害、生产、食品卫生、社会治安等应急管理时期。

8.2.5　本条明确了维护单位在检查前需准备好的相关技术、文件等资料。

8.3 维 修

8.3.1 场站智能化设施的维修应根据检查的结果确定,发现故障后应及时对相应系统进行维修,可不规定固定的维修周期。

8.3.2 本条规定了场站智能化设施的主要维修内容。其中,紧急故障维修主要针对在场站智能化设施使用过程中,由于某个部件突然故障,从而影响某个系统的正常工作,需要立即修复或采取技术手段以暂时保证系统的正常运行的情况。一般故障维修主要指在各类检查中发现的故障须立即排除或暂时不影响使用功能但存在隐患需进一步分析并采取措施的维修。特殊情况的维修和新增设备是指遇到重大活动,由相关部门提出,需要改造或增加设备;以及遇到恶劣天气时,特别针对设备安全性的检查维修;或是因建筑物的大修或原有设施不符合国家现行标准,需对相关系统进行改造、调整或更新的维修。周期性的设备更换和维修主要是根据相关设备设施生产商或管理部门规定的产品寿命或正常使用年限进行的定期更换。

8.3.3 由于场站智能化设施通常与房屋建筑等其他公交基础设施结合在一起,因此本条规定了场站智能化设施的维修宜与其他公交基础设施的维修协调同步,统筹规划。

8.3.4 场站智能化设施的软、硬件技术更新快,专业性强。维修时,应对设备的兼容性和适修性进行专项论证,以保证维修的效果。

8.3.5 收集场站相关静态基础数据及动态实时数据,为场站信息化管理及维保提供数据支撑。